新 HSK（五级）高分实战试卷 10

刘 云 主编

图书在版编目(CIP)数据

新 HSK(五级)高分实战试卷. 10 / 刘云主编. —北京:北京大学出版社,2012. 10
(北大版新 HSK 应试辅导丛书)
ISBN 978-7-301-21230-1

Ⅰ. 新… Ⅱ. 刘… Ⅲ. 汉语—对外汉语教学—水平考试—习题集 Ⅳ. H195-44

中国版本图书馆 CIP 数据核字(2012)第 215526 号

书　　　名: 新 HSK(五级)高分实战试卷 10
著作责任者: 刘　云　主编
责 任 编 辑: 沈萌萌
标 准 书 号: ISBN 978-7-301-21230-1/H·3134
出 版 发 行: 北京大学出版社
地　　　址: 北京市海淀区成府路 205 号　100871
网　　　址: http://www.pup.cn
电 子 邮 箱: zpup@pup.pku.edu.cn
电　　　话: 邮购部 62752015　发行部 62750672　编辑部 62752028
出版部 62754962
印　刷　者: 三河市博文印刷厂
经　销　者: 新华书店
787 毫米×1092 毫米　16 开本　3.5 印张　65 千字
2012 年 10 月第 1 版　2012 年 10 月第 1 次印刷
定　　　价: 12.00 元

目　录

新 HSK（五级）

注　意

一、HSK（五级）分三部分：

1. 听力（45 题，约 30 分钟）

2. 阅读（45 题，40 分钟）

3. 书写（10 题，40 分钟）

二、**答案先写在试卷上，最后 10 分钟再写在答题卡上。**

三、全部考试约 125 分钟（含考生填写个人信息时间 5 分钟）。

中国　北京　　　　××××/××××××　　编制

一、听力

（听力内容请登录 http://www.pup.cn/dl/newsmore.cfm?sSnom=d203 下载）

第一部分

第1—20题：请选出正确答案。

1. A 不喜欢旅游　　B 旅游很累
   C 旅游好处多　　D 旅游浪费钱

2. A 不想申请工作　　B 工作环境不好
   C 工作压力太大　　D 机会到处都有

3. A 做事谨慎　　B 精通电脑
   C 忘了开机密码　　D 丢了重要文件

4. A 夫妻　　B 同事
   C 经理与秘书　　D 售货员与顾客

5. A 女的想重新做　　B 张婷能做得更好
   C 男的不想做项目　　D 经理对项目很满意

6. A 现代办公不方便　　B 女的会用复印机
   C 小李打算买电脑　　D 男的工作效率不高

7. A 家里　　B 车上
   C 公司　　D 机场

8. A 警察　　B 律师
   C 售货员　　D 主持人

9. A 出差了　　B 结婚了
   C 变瘦了　　D 有孩子了

10. A 接女儿　　B 买机票
    C 表演节目　　D 参加会议

11. A 天气不冷　　B 手套破了
    C 手受伤了　　D 做事不方便

12. A 不爱喝水
B 想吃蔬菜
C 要做妈妈了
D 经常和男的吵架

13. A 要卖旧房子
B 想买二手房
C 在找新工作
D 要懂得节约

14. A 保重身体
B 换份工作
C 去看医生
D 照顾爸爸

15. A 十月五号
B 十月十三号
C 十月十五号
D 十月十八号

16. A 很热
B 刮风
C 下雨
D 下雪

17. A 兴奋
B 伤心
C 生气
D 苦恼

18. A 精神不好
B 是位运动员
C 参加了比赛
D 想培养新人

19. A 忘了关空调
B 弄丢了文件
C 忘记了锁门
D 没谈成合同

20. A 有特色
B 很便宜
C 很好吃
D 没味道

第二部分

第21—45题：请选出正确答案。

21. A 机场里　　B 公司里
    C 飞机上　　D 出租车上

22. A 着急　　B 担心
    C 惊讶　　D 苦恼

23. A 养宠物　　B 买房子
    C 请邻居吃饭　　D 找地方休息

24. A 男的是会计　　B 他们是同事
    C 女的讨厌男的　　D 男的丢了收据

25. A 空姐　　B 空军
    C 医生　　D 演员

26. A 很听话　　B 爱生气
    C 很活泼　　D 想当老师

27. A 二十六　　B 二十七
    C 三十二　　D 四十

28. A 导游与游客　　B 司机与乘客
    C 顾客与服务员　　D 法官与律师

29. A 他们是夫妻　　B 女的没钱了
    C 信用卡丢了　　D 男的涨工资了

30. A 开车　　B 乘火车
    C 坐飞机　　D 乘长途汽车

31. A 兴奋　　B 感动
    C 生气　　D 难过

31. A 旧手机坏了　　B 新手机很便宜
    C 旧手机丢了　　D 新手机很可爱

33. A 不要随便生气　　B 做事不能犹豫
C 赶紧把手机退掉　　D 做事前考虑清楚

34. A 车坏了　　B 车没了
C 女的身体不舒服　　D 找不到车钥匙了

35. A 自己开车　　B 坐出租车
C 坐朋友的车　　D 坐公司的车

36. A 请路人帮忙　　B 请朋友帮忙
C 找加油站加油　　D 等公司派人过来

37. A 努力工作　　B 不在乎得失
C 改善社交生活　　D 保持快乐的心情

38. A 保持好心情　　B 多与孩子交流
C 经常锻炼身体　　D 做感兴趣的事情

39. A 健康的身体　　B 幽默的朋友
C 合理的生活方式　　D 积极的生活态度

40. A 男方很有耐心　　B 女方不爱男方
C 女方工作很忙　　D 女方在考察男方

41. A 张三很胆小　　B 参加聚会的人多
C 这个聚会很重要　　D 张三时间观念很强

42. A 感情　　B 习惯
C 个人态度　　D 生活方式

43. A 父亲　　B 大哥
C 二哥　　D 扁鹊

44. A 病前　　B 病初
C 病重时　　D 病快好时

45. A 医术好　　B 善于治重病
C 乐于帮助穷人　　D 经常为名人治病

二、阅　读

第一部分

第46—60题:请选出正确答案。

46—48.

象是群居性动物,以家族为单位,由母象做首领,每天活动的时间,行动路线,寻找食物的地点以及休息场所等,均由母象__46__。而成年雄象只__47__保卫家庭安全的责任。有时几个象群__48__起来,结成有上百只大象的大群。和人类社会一样,象群之间也存在着合作和竞争。

46. A 控制　　B 指挥　　C 排列　　D 推荐

47. A 承担　　B 承受　　C 概括　　D 承认

48. A 聚会　　B 团聚　　C 聚集　　D 集会

49—52.

每个人的命运都在自己的手中。我们有时认为自己不幸和痛苦,是因为我们没有好好__49__自己,从痛苦中解脱出来,只看到自己的痛苦和不幸,没有看到这世上比自己更痛苦、更不幸的人。人生的幸福与否,是靠每个人的__50__来回答的。面对命运,我们要自信,坚信求人求命不如求自己。当我们在工作、生活和感情上遇到困难打击的时候,不能__51__,要以积极的人生态度去__52__生命,这样的人生才最精彩!

49. A 调整　　B 改变　　C 完善　　D 掌握

50. A 经验　　B 实践　　C 感觉　　D 作用

51. A 认为自己没有朋友　　B 一个人默默地承受
    C 轻易地向别人寻求帮助　　D 被动地屈从命运的安排

52. A 控制　　B 迎接　　C 把握　　D 应付

53—56.

一个著名的大作家有一个奇怪的习惯，他经常会从__53__的体育运动转换到完全静止不动的__54__，在坐下来开始写作之前，__55__会一连好几个小时地看着同一个地方。一位记者注意到了他的这种怪习惯。

“你不认为这是在浪费时间吗？”记者问。“你已经如此出名，难道你不应该做些更重要的事情吗？”

“我这是在为写作作准备，就像钓鱼的人出海前准备他的钓具。”作家回答。“如果我不做这种事情，一心只想着鱼，那么我__56__。”

53. A 热闹　　B 厉害　　C 紧张　　D 激烈

54. A 现象　　B 状态　　C 形势　　D 情况

55. A 普遍　　B 通常　　C 特意　　D 专门

56. A 也许就有可能生病　　B 就无法再进行体育运动
    C 可能会失去所有的一切　　D 将永远抓不到任何东西

57—60.

植物宠物，是现代人对富有生命力与启发意义植物的爱称，特别是指那些能随时带在人们身边，或在居室中时常欣赏到、感受到的植物。富有生命力的植物宠物，对__57__现代人压力，__58__社会个体的不健全心理均有极好疗效。很少有喜欢植物的人__59__，因为在人类的__60__中，植物是沉默、理性、坚强、生生不息的象征，与植物产生心灵的交流，便可从中获取到很大的力量。当前经过高科技培植的植物宠物，不仅在外形上更加漂亮，在种植方式上也一改传统方法，开始采用营养液等基质，甚至很多植物实现盆上花朵怒放，盆下鱼儿欢游的活泼景象，其造型独特，是当前众多家庭与办公室人员争相采购的家居布置用品。

57. A 改变　　B 造成　　C 缓解　　D 阻止

58. A 完善　　B 控制　　C 掌握　　D 承担

59. A 会身体不好　　B 会产生心理疾病
    C 能够耐得住寂寞　　D 爱在别人面前流泪

60. A 规定　　B 程度　　C 现象　　D 概念

第二部分

第61—70题：请选出与试题内容一致的一项。

61. 商务印书馆成立于1897年，是中国历史最悠久的现代出版机构，与北京大学同时被赞为中国近代文化的双子星。极盛时期，商务印书馆有员工五千多人，在海内外设有分馆36个，各类办事机构一千多个，所出书刊占全国出版总数的60%以上，创造了中国现代出版业的多个第一，成为当时亚洲最大的出版机构。

A 商务印书馆现有员工五千多人
B 商务印书馆是亚洲最大的出版机构
C 商务印书馆的历史和北京大学一样悠久
D 商务印书馆对中国现代出版业影响极大

62. 吃春饼是汉族立春的饮食风俗，在古代，不但流行于汉族地区，而且也影响到了少数民族地区。春饼是一种双层薄饼，吃的时候揭开，一般要卷菜而食，现在饭馆则多用卷烤鸭的鸭饼代替。最早，春饼与菜放在一个盘子里，成为"春盘"。现在，人们备上小菜或各式炒菜，吃春饼时随意夹入饼内。立春吃春饼有喜迎春季、盼丰收之意。

A 吃春饼时要把两层分开
B "春盘"就是放春饼的盘子
C 立春吃春饼只是汉族的饮食风俗
D 现在饭馆用春饼代替卷烤鸭的鸭饼

63. 菊儿胡同，位于北京市东城区西北部。明朝称局儿胡同，清朝乾隆时称桔儿胡同，清末又写作菊儿胡同。1965年改称交道口南大街，"文革"中一度称大跃进路八条，后来又恢复今名。菊儿胡同三号、五号、七号是清朝大臣荣禄的住所和花园，七号还曾做过阿富汗大使馆，四十一号原为寺庙。

A 菊儿胡同住过一些名人
B 菊儿胡同改过很多次名字
C 菊儿胡同中有公园和寺庙
D 阿富汗大使馆在菊儿胡同

64. 江永女书是一种古老文字，是现在世界上惟一存在的性别文字——妇女专用文字，这已为专家学者们所共识，但因女书没有古代文物，也没有载入历史，所以不能确定其起源时间。学习女书可以由家庭内长辈女性教晚辈女孩儿，可以花钱请老师，或是妇女在读纸、读扇中互教互学，女书比较容易，也可以自学。

A 学习江永女书只能是长辈教晚辈
B 世界上只有江永女书是性别文字
C 专家发现了江永女书的古代文物
D 历史书记载了江永女书起源的时间

65. 虽然现在很多景点都设置了给人们挂同心锁的地方，可是黄山的同心锁仍然是最有名的。在黄山，不仅在高峰绝顶之处，几乎所有的护栏铁链上随处可见环环交扣的锁，不仅有两锁相扣的“同心锁”，还有大小不一、相互连结的“全家福锁”和大人为孩子系的“长命锁”。更有趣的是，这里还有世界各国的锁。

A 黄山上挂着世界各国的锁
B 黄山上所有的护栏铁链上都有锁
C 黄山是最早设置挂同心锁地方的景点
D 黄山上的锁都是两锁相扣的“同心锁”

66. 中国民间在除夕有守岁的习惯，而吃年夜饭的习俗至少在南北朝时就已经有了。守岁是从吃年夜饭开始，一夜不睡，以迎接新年的到来。这顿年夜饭要慢慢地吃，有的人家一直要吃到深夜。古时守岁有两种含义：年长者守岁为“辞旧岁”，有珍惜时间的意思；年轻人守岁，是为延长父母寿命。

A 守岁的习惯始于南北朝
B 年夜饭是除夕深夜吃的饭
C 老人守岁是为了延长寿命
D 守岁是为了迎接新年的到来

67. 过敏原又称为致敏原或变应原。过敏原为通俗用语，致敏原或变应原为医学术语。接触过敏原一定时间后，会发生过敏反应，但是时间可长可短。往往第一次接触到的物质不会引起过敏，但反复接触后，可能会出现过敏性症状。过敏原数以千计，如冷空气、热空气、化妆品、金属饰品、病毒等都可能成为过敏原。

A 第一次接触过敏原一定不会过敏
B 过敏原一般是病毒或化学物质
C 反复接触过敏原可能出现过敏
D 过敏原、致敏原和变应原不是一个意思

68. 甲骨四堂并不是一个地方，而是指中国近代四位著名地研究甲骨文的学者：郭沫若（字鼎堂）、董作宾（字彦堂）、罗振玉（号雪堂）和王国维（号观堂）。著名学者陈子展教授在评价早期的甲骨学家的时候写下“甲骨四堂，郭董罗王”的名句，这一概括已为学界所广泛接受。

A 甲骨四堂是研究甲骨文的组织
B “郭董罗王”是早期的甲骨学家
C 甲骨四堂是甲骨学家陈子展概括出的
D “郭董罗王”的研究成果被学界广泛接受了

69. 数码相框是展示数码照片而非纸质照片的相框。数码摄影必然推动数码相框的发展，因为全世界打印的数码相片不到35%。数码相框可以通过读卡器的接口从SD卡获取相片，并设置循环显示的方式，比普通的相框更灵活多变，也给现在使用日益增多的数码相片一个新的展示空间。

A 数码相框是展示照片的相框
B 全世界打印的数码照片为35%
C 数码相框的设置比普通相框灵活
D 摄影技术的进步推动数码相框的发展

70. 南极长城站是中国第一个南极考察站，江泽民于 1997 年 12 月 30 日题写了站名。1984 年 11 月 20 日上午 10 时，中国首次南极考察队从上海起航，12 月 25 日 12 时 31 分，中国船只“向阳红 10 号”第一次驶入了南极，这是中国首次自己组织的南极考察队抵达南极。1985 年 2 月 14 日晚 22 点（当地时间，北京时间 15 日上午 10 点），中国南极长城站的建设全部完成。

A 北京时间和南极时间相差 12 小时

B 南极长城站的名字是江泽民起的

C 南极长城站是中国唯一的南极考察站

D 1984 年 11 月 20 日中国船只驶入了南极

第三部分

第71—90题：请选出正确答案。

71—75.

从前，远方有个王国，住着一位国王和他的三个儿子。他的年岁渐老，急着将王位传给儿子，然而他无法决定谁该继承王位。为了解决这个难题，他设计了一个比赛。他把三个儿子叫到跟前，说："我们王国最北方有一座大山，它又高又险，我年轻时曾登上过山顶，那里长着全世界最老、最高、最大的树，它们是举世无双的树。为了考验你们的实力，我将派你们独自去爬那座山。我希望你们每人从最高大的树上摘一片叶子回来，凡是把最棒的叶子拿回来的人，可以接替我治理我的王国。"

第一个儿子首先出发，而国王和其他的儿子则在家中守候。到了第三个星期快要结束的时候，年轻人回到王国，带回了一片漂亮的叶子，国王似乎很满意。接下来轮到第二个儿子，他决心要取回更好的叶子。到了第六个星期快结束时，第二个儿子终于返回来了。他带着一片更漂亮的叶子，比第一个儿子拿回来的还大很多。最后，轮到第三个儿子了。这个小儿子显出担心的神色，他认为自己比不过哥哥们，于是请求国王将王位传给哥哥。可是，国王坚持要他试一试，他只好收拾行李朝高山出发。结果直到第十四个星期末，才传来第三个儿子在回家途中的消息。当王子到家时，只见全身衣服又脏又破，两手空空，什么也没带回来。他低着头，很小声地说："父亲，我令你失望了，我的哥哥应该做国王，他们有资格治理王国。"

国王说话了："儿子，你根本没试，你甚至连一片树叶都没带回来。"

这个儿子含着羞愧的泪水说："对不起，父亲，我并不想让你失望，我走了好几个星期，找到了一座雄伟的高山。我照你的指示，日以继夜地爬山，直到登上最顶端，也就是你年轻时曾经到达的地方，但那里根本就没有树。"

国王微笑了，向幼子温和地说："我的儿子，你是对的，那座山上根本没有树木，现在，我们王国的一切都是你的了。"

71. 国王设计比赛是希望：

A 儿子们变得更聪明　　B 测试哪个儿子听话

C 寻找优秀的继承人　　D 锻炼儿子们的身体

72. 文中第一段“举世无双”的意思是：

A 名气特别大　　B 年代非常久远

C 所有的人都关注着　　D 全世界找不到第二个

73. 大儿子花了多长时间去取叶子？

A 半个月　　B 二十天左右

C 一个半月　　D 三个月

74. 小儿子：

A 非常懒惰　　B 身体不好

C 想胜过哥哥　　D 没找到松树

75. 国王选择了小儿子是因为小儿子：

A 年龄最小　　B 十分谦虚

C 非常诚实　　D 热爱和平

76—80.

一般人总以为称赞就是鼓励，鼓励就是称赞。其实不然，虽然鼓励和称赞都是针对孩子正面良好的表现，但称赞只是奖励的一种，着重于比较和竞争。孩子必须表现优秀、有超群的成绩，才能得到称赞。换句话说孩子只有达到父母认为很棒的程度才能得到称赞。于是称赞就成为父母控制孩子的方法，孩子因为要得到父母的称赞而努力，称赞成为外在的推动力，如果担心得不到它，孩子便会放弃努力。

而鼓励则会不时地出现在孩子的任何进步和努力中。鼓励可以肯定孩子自我能力的发挥，而不须和别人作比较。例如我们说：“孩子你很棒！”“你比上次进步了。”进步并不需要压倒别人赢得第一，只要有进步即能获鼓励。它着重肯定孩子的优点和长处，孩子的价值来自于他的努力。也就是说，鼓励重视孩子的内在自我激励，更重要的是不对孩子作价值判断。即使在孩子受到打击、失败、伤心难过时，鼓励依然可以发挥它激励的效用，就像我们说：“孩子，虽然你没有赢得这场比赛，但我相信你已经尽了全力，表现得太棒了。”它给了孩子信心，所以说鼓励可以帮助孩子肯定自己的价值，它是内发而且有生命力的。

总之，称赞的话语专注在外在的评价和自我评价，教孩子和别人做比较，只为个人所获而努力。而鼓励则重视内在的评价和贡献，鼓励型的父母能使他们的孩子接受自己不够好的地方，对自己有信心并让他知道他是有用的人。

76. 孩子在什么时候可以得到称赞？
A 父母心情好时　B 让父母满意时
C 受到打击的时候　D 有客人在的时候

77. 根据本文，孩子放弃努力是因为：
A 得不到表扬　B 受到了批评
C 不被父母理解　D 父母不关心自己

78. 鼓励可以：
A 提高孩子的成绩　B 使孩子变得聪明
C 让孩子孝顺父母　D 增加孩子的自信

79. 根据上文内容，鼓励型的父母：
A 肯定孩子的价值　B 重视孩子的成绩
C 征求孩子的意见　D 担心孩子的安全

80. 这段话主要是想告诉我们：
A 怎样表扬孩子　B 优秀父母的做法
C 鼓励与称赞的区别　D 如何能不放弃努力

81—83.

时下年轻人婚礼观念在悄然发生革命性的变化，他们把过去在婚礼“回礼”担当主角的喜糖和香烟，用一些新鲜的创意产品和特色小礼品取代，比如中国结、印章、红色布偶、对筷、竹艺书签、剪纸之类的小玩意。除了具有传统特色的物品，一些实用的礼品也备受年轻人喜爱，像用漂亮礼盒精心包装起来的心形勺子、蛋糕式的毛巾、心形的肥皂、新人造型的书签等极富创意的物品，让人爱不释手。

81. 根据这段话，现在年轻人的婚礼比以前：

A 有新意　　B 要简单

C 花钱多　　D 更浪漫

82. 年轻人婚礼观念的改变说明他们：

A 充满自信　　B 追求时尚

C 非常体贴　　D 比较节约

83. 文中“爱不释手”的意思是：

A 非常感激　　B 舍不得放下

C 高兴到极点　　D 无法做出解释

84—87.

随着电脑及互联网的逐渐普及，网上购物已经迅速成为一种不可阻挡的趋势。根据调查数据显示，在中国的网购群体中，23 至 32 岁的年轻人占据了半壁江山，而这群人的特征就是追求时尚，对流行趋势的把握和追逐更为敏感与执着。而上班族忙于工作，没有时间出去购物，所以网上购物越来越受到大家的喜爱。尤其在物价上涨的今天，它更是成为了很多人固定的生活方式。

截至 2011 年底，中国网民已达 5.13 亿人，而多方数据表明，在 2011 年全国网购交易量高达 7849 亿元，并且还在继续增长，数据的显示实为惊人。网购的增长必定会带动线上购物网站的发展，比市场细分、比物流速度，电子商务网也开始了各自的市场争抢之战。但是十大电子商务网站中，无论是产品种类，购买规模还是品牌满意度，淘宝网依然占据着电子商务网站之首。

84. 在中国的网购群体中，二三十岁的年轻人占：

A 20%　　B 30%

C 50%　　D 80%

85. 网购受到上班族的喜爱，最主要是：

A 网上商品种类多　　B 快递公司送货快

C 省掉逛街的时间　　D 网上东西很便宜

86. 因为网购交易量的增长，最可能促进哪种行业的迅速发展？

A 物流　　B 会计

C 保险　　D 社会服务

87. 淘宝网成为电子商务网站之首，它具有以下哪种优势？

A 建立最早　　B 员工最多

C 低格最低　　D 商品最全

88—90.

面对同样的打击和失败，为什么有的人能坦然面对，成就了自己的事业，有的人则在打击和失败面前一蹶不振呢？这里除了知识、机遇以外，一个很重要的问题是心理素质问题。有句话说得好：21 世纪最重要的是知识，比知识更重要的是素质，比素质更重要的是心理承受能力。那什么是心理承受能力呢？我们又如何增强自己的心理承受能力呢？

心理学家认为，人的心理承受能力除受生理遗传因素影响外，更多的受社会和价值观念的制约。生理遗传因素主要指个体的精神、情感类型及其表达方式；社会和价值观念影响人的认知态度和行为取向。一句话，心理承受能力就是对打击和失败的认知态度、承受限度和应变能力。

健全的人格和健康的心理是提高心理承受能力的基础。健全的人格就是自立、自强，永不放弃的精神。我们做任何事情都存在成功和失败两种结果，以及快乐和痛苦两种选择。成功当然使人快乐，但失败并不完全是痛苦的事，如果能从失败中找出教训、找出成功的路子，何尝又不是快乐的事？而我们绝大部分人都只希望成功，而不接受失败，这叫做“输不起”，这是心理不健全的表现，因为它违背了事物的两分法，事实上这部分人在做事之前就输了一半。再说，人们对失败的体会往往局限于于事无补的痛苦和追悔之中，或者是默默地忍受之中，再不就是以过激的行为来回避矛盾，似乎自杀是最好的选择，殊不知这是错上加错。难道就没有其他的出路？当然冷静下来，或过一段日子，再回头看这些事，事情远没到这种程度，或者根本不值得一提。所以，健全的人格是我们对付打击和失败的基础，只要精神还在，事情总会有好转的余地。

88. 根据本文内容，一个人最重要的是：

A 知识水平　　B 综合素质

C 身体条件　　D 承受能力

89. 专家认为：

A 价值观念对人影响很大

B 压力太大影响人的健康

C 人的行为受到社会制约

D 人一定要对自己有信心

90. 对付打击和失败的基础是：

A 帮助自己的朋友

B 认真学习的态度

C 永不放弃的精神

D 具体完善的计划

三、书　写

第一部分

第91—98题：完成句子。

例如：发表　这篇论文　什么时候　是　的

这篇论文是什么时候发表的？

91. 积累的　是　过程　一个　学习　不断

92. 对　进行　张校长　了　本次会议　总结

93. 激烈的　辩论　就　双方　这个问题　进行了

94. 十分　病毒的　这种　速度　传染　惊人

95. 了　不耐烦　等得　我　有点儿

96. 拉开　把　你　窗帘　吧

97. 催　赶紧　王经理　交报告　我

98. 地道的　北京话　他　说　能　一口

第 二 部 分

第 99—100 题：写短文。

99. 请结合下列词语（要全部使用），写一篇 80 字左右的短文。

退休　　摄影　　孝顺　　享受　　再三

100. 请结合这张图片写一篇 80 字左右的短文。

答　案

一、听　力

第一部分

1. C	2. A	3. A	4. B	5. B
6. B	7. A	8. A	9. C	10. A
11. D	12. C	13. A	14. A	15. D
16. A	17. C	18. D	19. A	20. C

第二部分

21. C	22. C	23. A	24. B	25. D
26. C	27. A	28. B	29. A	30. B
31. C	32. B	33. D	34. A	35. B
36. B	37. C	38. A	39. D	40. B
41. C	42. C	43. D	44. B	45. B

二、阅　读

第一部分

46. B	47. A	48. C	49. A	50. B
51. D	52. C	53. D	54. B	55. B
56. D	57. C	58. A	59. B	60. D

第二部分

61. D	62. A	63. B	64. B	65. A
66. D	67. C	68. B	69. C	70. A

第三部分

71. C	72. D	73. B	74. D	75. C
76. B	77. A	78. D	79. A	80. C
81. A	82. B	83. B	84. C	85. C
86. A	87. D	88. D	89. A	90. C

三、书　写

第一部分

91. 学习是一个不断积累的过程。
92. 张校长对本次会议进行了总结。
93. 双方就这个问题进行了激烈的辩论。
94. 这种病毒的传染速度十分惊人。
95. 我等得有点儿不耐烦了。
96. 你把窗帘拉开吧。
97. 王经理催我赶紧交报告。
98. 他能说一口地道的北京话。

第二部分

（参考答案）

99. 小赵的爸爸马上就要退休了。小赵说爸爸工作了一辈子，这时应该享受一下了。小赵很孝顺，他知道爸爸平时最喜欢摄影，让我帮他买一部照相机。他还再三叮嘱我，一定要买最好的。
100. 有些人喜欢和家人或者朋友一起去旅行，而我更喜欢一个人旅行。在一个晴朗的日子里，带一份地图，背一个背包，想去哪里就去哪里。不需要去很远的地方或者去很长时间，最重要的是让自己完全放松。

听力材料及听力部分题解

（音乐，30 秒，渐弱）

大家好！欢迎参加 HSK（五级）考试。
大家好！欢迎参加 HSK（五级）考试。
大家好！欢迎参加 HSK（五级）考试。

HSK（五级）听力考试分两部分，共 45 题。
请大家注意，听力考试现在开始。

第一部分

第 1 到 20 题：请选出正确答案。现在开始第 1 题：

1.

女：你为什么这么喜欢旅游啊？
男：因为旅游既可以欣赏风景，又能增加见识。
问：男的主要是什么意思？

A 不喜欢旅游　　B 旅游很累
C 旅游好处多　　D 旅游浪费钱

【题解】从"因为旅游既可以欣赏风景，又能增加见识"可以知道，旅游的好处很多，所以他才这么喜欢旅游。正确答案是 C。

2.

男：这是一个非常好的机会，这家公司可是世界五百强之一，机会难得，赶快申请吧！
女：即使工资再高，公司再好，我也不想去，因为专业不对口。
问：女的是什么意思？

A 不想申请工作　　B 工作环境不好
C 工作压力太大　　D 机会到处都有

【题解】从"即使工资再高，公司再好，我也不想去，因为专业不对口"可以知道，女的不想去这家公司工作。正确答案是 A。

3.

男：那个重要的文件我已经设了密码了，你放心吧！
女：现在电脑高手很多，即使设有密码也不一定安全，你千万不要大意。

问：关于女的，可以知道什么？

A 做事谨慎　　B 精通电脑
C 忘了开机密码　D 丢了重要文件

【题解】从听力材料中可以知道，男的让女的放心，因为重要的文件都已经设了密码，但女的要求男的不能大意，这说明女的是一个做事非常谨慎的人，因此正确答案是A。

4.

男：那边的顾客好像对我有意见，你过去为他介绍一下吧！
女：我们要全心全意为顾客服务，我这边还有客人呢，你还是快点儿过去吧，不然一会儿让经理看见，就要批评你工作不认真了。
问：他们可能是什么关系？

A 夫妻　　**B 同事**
C 经理与秘书　D 售货员与顾客

【题解】根据选项，可以知道，这是一道关系题。考生可以根据对话中的称呼和说话的语气等来判断他们之间的关系。

从听力材料看，男的觉得顾客对他有意见，希望女的过去帮他为顾客介绍，而女的说她这边也有客人，这说明他们应该是在一起工作的同事。正确答案是B。

5.

男：我对张婷做的这个项目不太满意，可是话又说回来，这个项目确实很难做，换成我，可能还不如她呢。
女：我觉得以张婷的水平，应该可以做得更好。
问：根据对话，可以知道什么？

A 女的想重新做
B 张婷能做得更好
C 男的不想做项目
D 经理对项目很满意

【题解】从听力材料中女的的话"我觉得以张婷的水平，应该可以做得更好"可以知道，张婷能力很强，应该可以把这个项目做得更好。正确答案是B。

6.

男：你们办公室里的设备真是齐全啊！
女：是啊，电脑、传真机、复印机，样样都有！每天小李负责整理资料，我负责打印复印，这样分工明确，工作效率就高了很多。
问：根据对话，可以知道什么？

A 现代办公不方便
B 女的会用复印机
C 小李打算买电脑
D 男的工作效率不高

【题解】根据"每天小李负责整理资料，

我负责打印复印,这样分工明确”可以知道,女的负责打印复印资料,因而她也一定会用复印机。正确答案是B。

7.

男:没想到公司会临时派我到香港出差,这段时间,你要上班,还要照顾孩子,会很辛苦的。
女:放心吧,你的行李箱在卧室,打车去机场吧。
问:他们现在可能在哪儿?

A 家里 B 车上 C 公司 D 机场

【题解】从选项看,这是一道地点题。在听力对话中一定会出现带有明显地点特征的事件或物品,考生在听的时候要注意。

在听力材料中出现了“公司”、“出差”、“孩子”、“卧室”、“打车”、“机场”等词语,都可能对考生产生一定的迷惑性。所以考生要仔细听对话,从中抓住细节,找出正确答案。根据“你的行李箱在卧室,打车去机场吧”可以知道,他们现在还在家里,还没有去机场。正确答案是A。

8.

女:穿上这身警服觉得挺精神。
男:别臭美了,刚才头儿叫你去他办公室一趟,好像有新案子要办。
问:女的可能是做什么的?

A 警察 B 律师
C 售货员 D 主持人

【题解】从选项看,这是一道身份题。对话中一定会出现与身份相对应的带有明显特征的词语或事件,这就要求考生要对特殊身份的职责有所了解。

从“警服”这个词可以知道,女的应该是一名警察,考生也可以抓关键词“新案子”,从中推测女的的警察身份。正确答案是A。

9.

男:孩子就是离不开妈妈呀,你看你就离开了几天,小军快掉了十斤肉了!
女:这不是工作需要吗?你当爸爸的,就不能多关心关心他吗?
问:关于小军,可以知道什么?

A 出差了 B 结婚了
C 变瘦了 D 有孩子了

【题解】根据听力材料可以知道,他们是一对夫妻,是小军的父母。再根据男的的话“孩子就是离不开妈妈呀,你看你就离开了几天,小军快掉了十斤肉了”可以知道,小军在女的不在的这段时间瘦了很多。正确答案是C。

10.

男:明天晚上的开幕式,你会参加吗?

女：还不一定，我女儿明天回国，我要去接机，如果还有时间，我就过去。
问：明天女的要做什么？

A 接女儿　　B 买机票
C 表演节目　　D 参加会议

【题解】根据听力材料中女的的话“我女儿明天回国，我要去接机”可以知道，女的明天要去机场接回国的女儿。正确答案是A。

11.

男：这么冷的天，手都冻红了，怎么也不戴手套啊？
女：戴手套写字不舒服，做什么事都不方便。
问：女的为什么不戴手套？

A 天气不冷　　B 手套破了
C 手受伤了　　**D 做事不方便**

【题解】根据“戴手套写字不舒服，做什么事都不方便”可以知道，女的不戴手套是为了做事方便。正确答案是D。

12.

男：春天天气很干燥，你一定要多喝水才行。
女：我天天蔬菜、水果吃这么多，身体很健康，放心吧，我们的孩子也一定会健康地出生的。
问：关于女的，可以知道什么？

A 不爱喝水　　B 想吃蔬菜
C 要做妈妈了　　D 经常和男的吵架

【题解】从听力材料看，根据“放心吧，我们的孩子也一定会健康地出生的”可以知道，女的怀了小孩儿，不久就要做妈妈了。正确答案是C。

13.

男：明天去找一个中介公司，把我们家的旧房子卖了吧！
女：好主意，反正我们都搬到新房来了，旧房子放着也浪费。
问：女的主要是什么意思？

A 要卖旧房子　　B 想买二手房
C 在找新工作　　D 要懂得节约

【题解】根据选项可以知道，这是一道判断题。其中A和B两项都和房子有关系，所以考生在听听力材料的时候要对对话中的住房信息加以注意。

根据听力材料可以知道，男的建议卖掉旧房子，女的也认为旧房子留着也是浪费，同意卖掉。正确答案是A。

14.

女：今年冬天的流行感冒传播得很快，你一定要注意身体。
男：知道了，妈，您老放心吧，我办公室里不冷。你和爸爸平时一定要多穿点儿,注意身体啊!
问:男的希望女的做什么?

A 保重身体 B 换份工作
C 去看医生 D 照顾爸爸

【题解】从听力材料中看,他们是母子关系,妈妈希望儿子注意身体,不要感冒,儿子希望爸妈多穿衣服,不要生病,也就是说男的希望女的保重身体。正确答案是A。

15.

男:小王,你生日快到了吧,想要什么礼物啊?
女:今天才十月五号,还有十三天才是我的生日呢,不着急。
问:小王什么时候生日?

A 十月五号 B 十月十三号
C 十月十五号 **D 十月十八号**

【题解】从选项看,这是一道数字题,主要与时间有关。这一类型的题目,答案可能是听到的某个选项,也可能要通过计算才能得到正确答案,考生要结合问题来判断。

听材料时,考生要特别注意和时间有关的信息。从女的的话"今天才十月五号,还有十三天才是我的生日呢"可以知道,她是十月十八号过生日。正确答案是D。

16.

男:今天真热,最高温度33度呢,而且天气预报说明天还会更热呢!
女:那我可不出去了,本来打算和小静一起逛街的,照这个样子,肯定是去不成了,真希望天气能凉快一点儿,最好能下一场大雨。
问:明天天气可能会怎样?

A 很热 B 刮风 C 下雨 D 下雪

【题解】根据"而且天气预报说明天还会更热呢"可以知道,明天天气会很热,因此正确答案是A。

17.

男:你做什么去了,这么晚才回来?电话也打不通,你不知道我很担心吗?
女:我遇见了一个老朋友,就和她一起吃了个饭,多聊了几句。我的手机丢了,肯定接不了你的电话。
问:男的是什么语气?

A 兴奋 B 伤心 **C 生气** D 苦恼

【题解】从选项看,本题是和情绪或语气有关。考生需要注意两个问题:一是听清对话的内容,判断说话人应有的情绪或语气;二是注意说话人表达情绪或语气的关键词语。

根据“你做什么去了，这么晚才回来？电话也打不通，你不知道我很担心吗”可以知道，男的在为女的这么晚回家还不接他的电话而生气。正确答案是C。

18.

女：教练，这次为什么没有派13号选手上场？
男：他今天的精神状态不佳，而且我也想培养锻炼一下新手。
问：关于男的，可以知道什么？

A 精神不好　　B 是位运动员
C 参加了比赛　　**D 想培养新人**

【题解】从听力材料中看，男的是一名教练，而他没有派13号上场是因为13号运动员今天的精神状态不好，他也想借此机会培养一下新人。正确答案是D。

19.

男：昨天你是最后一个离开办公室的人，没有关空调吧？
女：糟糕，昨天临走时，光顾着找文件了，对不起啊。
问：女的做错了什么事情？

A 忘了关空调　　B 弄丢了文件
C 忘记了锁门　　D 没谈成合同

【题解】根据男的的质问可以知道，女的昨天因为找文件，走的时候忘了关空调。正确答案是A。

20.

女：先生，我们这里的饭菜还合您的胃口吗？
男：对我们大人来说还挺好的，但是，对小孩子来说味道会有点儿重。
问：男的觉得这家饭店的菜怎么样？

A 有特色　　B 很便宜
C 很好吃　　D 没味道

【题解】从听力材料中看，男的认为这家饭店的菜对大人来说很好，只是对小孩子来说味道有点儿重，但没有说这家菜很有特色，或者很便宜，没有味道等。正确答案是C。

第二部分

第21到45题：请选出正确答案。现在开始第21题：

21.

女：李明，能给我留个电话号码吗？
男：好啊，这是我的名片，以后在北京遇到什么事情可以来找我。
女：很高兴一路上能和你聊天，飞机要降落了，希望你的难题能尽快得到解决。
男：谢谢，祝你旅游愉快。
问：他们可能在哪儿？

A 机场里　　B 公司里
C 飞机上　　D 出租车上

【题解】根据听力材料中的“飞机就要降落了”这句话可以知道，他们现在很可能是在飞机上。正确答案是C。

22.

男：你真了不起，竟然从一百二十斤减到了九十几斤。
女：只要找到了努力的目标，你也可以做到的。
男：你现在这么苗条，想穿什么都可以，不用再继续减了。
女：不行，我还要再减几斤才行。
问：男的是什么语气？

A 着急　B 担心　**C 惊讶**　D 苦恼

【题解】从听力材料中男的的这句话“你真了不起，竟然从一百二十斤减到了九十几斤”可以知道，男的对女的一下子从一百二十斤瘦到九十斤感到很惊讶。正确答案是C。

23.

男：李乐，我想在家里养条狗，你看怎么样？
女：家里这么小，连吃饭睡觉的地方都快没了，哪里还有地方养狗啊？
男：我们可以养在楼下，这样还不行吗？
女：就算我没意见，楼里的邻居也不会同意的。
问：男的想做什么？

A 养宠物　　B 买房子
C 请邻居吃饭　　D 找地方休息

【题解】从听力材料看，男的想在家里养只狗，女的不同意。虽然对话中也出现了“邻居”、“睡觉”等词，但考生要根据问题做出选择。正确答案是A。

24.

男：张会计，这是我送货的收据，请收好。
女：好的，先放在这里吧。

男：行，刚才刘主任说让你把这个月的报表整理一下，下午交到他办公室去。
女：我知道了，谢谢你，小李。
问：根据对话，可以知道什么？

A 男的是会计　　**B 他们是同事**
C 女的讨厌男的　D 男的丢了收据

【题解】从听力材料中可以知道，女的是一名会计，男的来会计室送收据，再通过男的的话"刚才刘主任说让你把这个月的报表整理一下，下午交到他办公室去"和女的对男的的称呼"小李"可以知道，他们应该是在同一家公司工作的同事。正确答案是 B。

25.

男：真没想到你爸会是空军！
女：让你吃惊的事情还多着呢。你知道我妈妈是做什么的吗？
男：难道是空姐？
女：不是，我妈妈是在《我的宝贝》中演王静医生的刘小玲。
问：女的的妈妈是做什么的？

A 空姐　B 空军　C 医生　**D 演员**

【题解】从听力材料中看，材料中出现了"空军"、"空姐"、"医生"等职业，但这些都是为了迷惑考生的，考生要注意听对话的细节。根据女的的最后一句话"我妈妈是在《我的宝贝》中演王静医生的刘小玲"可以知道，女的的妈妈应该是一位演员，因此正确答案是 D。

26.

男：我女儿很调皮，有时候她都能把我和她妈妈给气坏了。
女：小孩子本来就爱玩爱闹，阳阳这么聪明，还这么可爱，多招人喜欢啊！
男：她不是可爱，简直就是可气！
女：等明年她上学了，有学校的老师管她，你就不用烦恼了。
问：关于阳阳，可以知道什么？

A 很听话　　B 爱生气
C 很活泼　　D 想当老师

【题解】从"我女儿很调皮"、"阳阳这么聪明，还这么可爱，多招人喜欢啊"可以知道，阳阳很淘气，但很招人喜欢，说明她是一个活泼好动的孩子。正确答案是 C。

27.

男：你到底什么时候嫁给我啊？
女：那要看你的表现啊！
男：过完下个月的生日，你就二十七岁了，我今年也三十二了，难道非要等到我四十岁吗？
女：你能等，我还不想等呢！过几天去问问我爸妈的意见吧！
问：女的现在多大了？

A 二十六　　B 二十七
C 三十二　　D 四十

【题解】听材料时，考生要特别注意和数字有关的信息。这题中，出现了“二十七岁”、“三十二岁”和“四十岁”，考生要根据问题做出正确的选择。根据男的的话“过完下个月的生日，你就二十七岁了”，可以知道，女的现在二十六岁。正确答案是A。

28.

女：师傅，请问这趟车到香山吗？
男：到，快点儿上来吧。
女：这趟车的终点站是哪里呀？
男：北海公园，还有七站才能到香山呢，找个位子坐下吧。
问：他们可能是什么关系？

A 导游与游客　　**B 司机与乘客**
C 顾客与服务员　　D 法官与律师

【题解】从听力材料看，女的称呼男的为“师傅”，谈话的内容为一辆车的站点问题，这说明女的应该是一位乘客，而男的应该是一名司机。正确答案是B。

29.

男：兰兰，我放在抽屉里的信用卡呢？怎么不见了？
女：我昨天去商场给儿子买了两套衣服，卡在我的包里呢。你要用钱吗？
男：不是，我昨天发了工资和奖金，我想去查查到底发了多少钱。
女：那你自己去我包里拿吧，我昨天用了三百八。
问：根据对话，可以知道什么？

A 他们是夫妻　　B 女的没钱了
C 信用卡丢了　　D 男的涨工资了

【题解】从材料看，根据女的的话“我昨天去商场给儿子买了两套衣服”可以知道，他们已经有儿子了，钱也是一起用，这说明他们应该是一对夫妻。正确答案是A。

30.

男：你这次出差是坐飞机去吗？
女：不是，这次去上海，很近，直接坐长途汽车就可以了。
男：我正好也要去上海开会，不如我们一起坐火车去吧！
女：好啊，那我在路上就不会无聊了。
问：女的最后决定怎么去上海？

A 开车　　**B 乘火车**
C 坐飞机　　D 乘长途汽车

【题解】在听力材料中出现了“飞机”、“长途汽车”、“火车”这三种交通方式，而问题问的是女的打算怎么去上海，所以我们要重点找女的的看法。男的提议他们一起坐火车去，女的同意了，也就是说女的最后决定和男的一起坐火车去上海。正确答案是B。

第 31 到 33 题是根据下面一段对话：

男：怎么了，干嘛把眼睛睁这么大？谁让你生气了？

女：(31)除了你，还有谁能把我气成这样？

男：我怎么了，今天一天我都在公司上班，没做错什么事情啊！

女：这个手机，说买的是你，说不要的又是你，你到底想怎么样啊？

男：我的旧手机还能用，新的就先放着吧。

女：那你当初为什么叫我给你买呢？

男：(32)我是看这个手机很好看，最主要是不贵，其他的也没多想。

女：(33)下次你再买东西前，一定要考虑好，不要再这样了。

31. 女的怎么了？

A 兴奋　B 感动　**C 生气**　D 难过

【题解】从"除了你，还有谁能把我气成这样"可以知道，女的现在正在生气，因此正确答案是 C。

32. 男的为什么想买那个手机？

A 旧手机坏了　**B 新手机很便宜**

C 旧手机丢了　D 新手机很可爱

【题解】根据"我是看这个手机很好看，最主要是不贵"可以知道，男的当初想买这个手机主要是因为这个手机便宜。正确答案是 B。

33. 女的建议男的怎么做？

A 不要随便生气

B 做事不能犹豫

C 赶紧把手机退掉

D 做事前考虑清楚

【题解】从"下次你再买东西前，一定要考虑好，不要再这样了"可以知道，女的希望男的以后再买东西前要考虑清楚，因此正确答案是 D。

第 34 到 36 题是根据下面一段对话：

男：(34)车子坏了，这可怎么办啊？

女：不要着急，这没什么大不了的，我们坐出租车去不就行了！

男：可是离晚会开始只有四十分钟了，能来得及吗？

女：迟到几分钟也没事，放心吧。

男：也只能这么办了，你先到路边打车，我把车锁上。

女：(36)你最好给李强打个电话，让他过来处理一下。

男：我知道，这就给他打，(35)我们先过去打车吧。

女：好的。

34. 男的为什么着急？

A 车坏了

B 车没了

C 女的身体不舒服

D 找不到车钥匙了

【题解】这是一道判断题，其中 A、B、D 三项都与车有关，所以考生要注意对话中对车的描述。

根据听力材料可以知道，男的很着急是因为车坏了。正确答案是A。

35. 他们最后打算怎么去晚会现场？

A 自己开车　　**B 坐出租车**

C 坐朋友的车　D 坐公司的车

【题解】从听力材料中可以知道，他们的车坏在了路上，但他们要赶去参加一个晚会，所以女的打车过去，男的也认为这样，但同时也打电话给李强让他来处理坏在路上的车子。正确答案是B。

36. 他们打算怎么处理车子？

A 请路人帮忙

B 请朋友帮忙

C 找加油站加油

D 等公司派人过来

【题解】根据听力材料结合34和35题可以知道，他们决定打车去晚会现场，而坏在路上的车子，男的决定打电话给朋友李强，让他帮忙过来处理。正确答案是B。

第37到39题是根据下面一段话：

> 香港的一项新的研究显示，(37)保持年轻最好的方法是改善你的社交生活。香港城市大学的研究人员说，(38)良好的朋友和邻居关系、愉快的心情以及一大笔银行存款都有助于老年人保持更加健康的状态。进行此次调查的香港城市大学应用社会学系的负责人说："社会关系网、生活方式、经济情况、幽默感以及积极的人生观都有助于人们在步入老年的时候更加积极向上。(39)特别是良好的社会关系网和积极的人生态度更为重要。"

37. 保持年轻最好的方法是什么？

A 努力工作

B 不在乎得失

C 改善社交生活

D 保持快乐的心情

【题解】从"保持年轻最好的方法是改善你的社交生活"这句话可以知道，保持年轻的最好方法是改善社交生活，因此正确答案是C。

38. 老年人怎样保持更加健康的生活状态？

A 保持好心情

B 多与孩子交流

C 经常锻炼身体

D 做感兴趣的事情

【题解】根据"良好的朋友和邻居关系、愉快的心情以及一大笔银行存款都有助于老年人保持更加健康的状态"这句话可以知道，使老年人保持健康生活状态的条件包括：良好的邻里关系、好心情以及经济富裕。正确答案是A。

39. 对老年人来说，什么是更为重要的？

A 健康的身体

B 幽默的朋友

C 合理的生活方式

D 积极的生活态度

【题解】根据“特别是良好的社会关系网和积极的人生更为重要”这句话可以知道，对老年人来说，良好的人际关系和积极的生活态度最重要。正确答案是 D。

第 40 到 42 题是根据下面一段话：

> 一般来说，(41)如果一个聚会对某人十分重要的话，他绝对不敢有一点儿故意迟到的念头。恋爱中也是如此。如果两个人相亲相爱，双方都会尽量不在约会的时候迟到。(40)如果女方约会时经常迟到，可以断定女方并不喜欢男方，要是她让男方时常在约会时苦苦地等待她的到来，那么最好尽快结束这段恋情。当然，女方有时也会为考验一下男方的心意和耐性而故意迟到几次。但如果是真的喜欢男方，她一定不忍心一次又一次地让男方苦苦等候。

40. 恋爱中，如果女方经常迟到，我们可以推断出什么？

A 男方很有耐心

B 女方不爱男方

C 女方工作很忙

D 女方在考察男方

【题解】根据听力材料中的“如果女方约会时经常迟到，可以断定女方并不喜欢男方”这句话可以知道，女方常在约会时迟到说明她不喜欢男方。正确答案是 B。

41. 如果张三不敢在聚会时迟到，这说明了什么？

A 张三很胆小

B 参加聚会的人多

C 这个聚会很重要

D 张三时间观念很强

【题解】根据听力材料中的“如果一个聚会对某人十分重要的话，他绝对不敢有一点儿故意迟到的念头”这句话可以知道，如果张三不敢在聚会时迟到，说明这个聚会对张三来说非常重要。正确答案是 C。

42. 这段话主要在谈迟到与什么的关系？

A 感情　　　B 习惯

C 个人态度　　　D 生活方式

【题解】从听力材料中看，这段话主要在讲迟到行为与迟到者内心想法的关系，因此正确答案是 C。

第 43 到 45 题是根据下面一段话：

魏文王问名医扁鹊说："你们家兄弟三人，都精于医术，到底哪一位最好呢？"(43)扁鹊答说："我大哥最好，二哥第二，我最差。"文王再问："那么为什么你最出名呢？"扁鹊答："我大哥善于在病发作之前治。由于一般人不知道他事先能消除病因，所以他的名气无法传出去，只有我们家的人才知道。(44)我二哥善于在病情初起的时候治病。一般人以为他只能治轻微的小病，所以他只是在我们乡里出名。而(45)我善于在病情严重的时候治病。一般人都看到我做大手术，救活了快要死的人，所以以为我的医术高明，因此名气响遍全国。"文王说："你说得好极了。"

43. 扁鹊家里谁的医术最不好？

A 父亲　B 大哥　C 二哥　**D 扁鹊**

【题解】从听力材料中扁鹊的话"我大哥最好，二哥第二，我最差"可以知道，他家里大哥的医术最好，他自己的医术最不好。正确答案是 D。

44. 扁鹊的二哥善于在什么时候治病？

A 病前　　**B 病初**

C 病重时　　D 病快好时

【题解】从听力材料中的"我二哥善于在病情初起的时候治病"这句话可以知道，扁鹊的二哥善于在病初为病人治病。正确答案是 B。

45. 扁鹊为什么最出名？

A 医术好

B 善于治重病

C 乐于帮助穷人

D 经常为名人治病

【题解】从"我善于在病情严重的时候治病。一般人都看到我做大手术，救活了快要死的人，所以以为我的医术高明，因此名气响遍全国"可以知道，扁鹊因善于治重病出名。正确答案是 B。

听力考试现在结束。

阅读部分题解

第一部分

46—48.

> 象是群居性动物，以家族为单位，由母象做首领，每天活动的时间，行动路线，寻找食物的地点以及休息场所等均由母象__46__。而成年雄象只__47__保卫家庭安全的责任。有时几个象群__48__起来，结成有上百只大象的大群。和人类社会一样，象群之间也存在着合作和竞争。

46. A 控制　**B 指挥**　C 排列　D 推荐

【题解】A 项“控制”表示使处于自己占有、管理或影响下；B 项“指挥”表示发令，管理并安排工作等；C 项“排列”表示表示按次序站立或摆放；D 项“推荐”表示把好的人或事物向人介绍，希望接受。根据文章，母象是首领，因此母象可以管理象群、安排工作，本题选择 B 项。

47. **A 承担**　B 承受　C 概括　D 承认

【题解】A 项“承担”表示担负、担当，宾语多为和责任相关的词语，如工作、任务等；B 项“承受”表示承担、经受，宾语多为抽象的压力、痛苦等；C 项“概括”表示把事物的共同特点归结在一起加以简明地叙述；D 项“承认”表示对事实行为表示确认、同意。根据文章，成年雄象要保卫家庭的安全，这是它们的责任，因此本题选择 A 项。

48. A 聚会　B 团聚　**C 聚集**　D 集会

【题解】聚会和集会的主语只能是人，所以 A 和 D 不正确。团聚主要指人在分离后重新聚在一起，常见的搭配有亲人团聚，朋友团聚等，文中并没有提到这些象群是分离后又聚到一起，所以 B 也不对。答案只能为聚集，表示分散的人或动物集合到了一起。本题选择 C 项。

49—52.

> 每个人的命运都在自己的手中。我们有时认为自己不幸和痛苦，是因为我们没有好好__49__自己，从痛苦中解脱出来，只看到自己的痛苦和不幸，没有看到这世上比自己更痛苦、更不幸的人。人生的幸福与否，是靠每个人的__50__来回答的。面对命运，我们要自信，坚信求人求命不如求自己。当我们在工作、生活和感情上遇到困难打击的时候，不能__51__，要以积极的人生态度去__52__生命，这样的人生才最精彩！

49. **A 调整**　B 改变　C 完善　D 掌握

【题解】A 项"调整"表示改变原有的情况,使适应客观环境和要求;B 项"改变"表示事物发生显著的变化;C 项"完善"表示完备美好;D 项"掌握"表示了解事物,因而能充分支配或运用。根据文章中的"从痛苦中解脱出来"可以看出改变的意思,因此排除 C 项、D 项;A 项"调整"强调改变不合适的部分,目的是适应客观环境,B 项"改变"只强调和以前不同,没有向好的方向变化的意思,因此选择 A 项。

50. A 经验　**B 实践**　C 感觉　D 作用

【题解】A 项"经验"表示由实践得来的知识或技能;B 项"实践"表示人们改造自然和社会时有意识的活动;C 项"感觉"表示事物通过感官在人脑中引起反应的心理过程;D 项"作用"表示对事物产生的影响、效果。根据文章,作者认为面对命运,求人不如求己,就是说自己做事更重要;遇到困难打击的时候,要用积极的态度,这都说明作者认为行动、做法非常重要,因此本题应该选择和"行动"、"做法"有关的选项,B 项正确。

51. A 认为自己没有朋友

B 一个人默默地承受

C 轻易地向别人寻求帮助

D 被动地屈从命运的安排

【题解】根据下文中的"积极的态度",本题选择 D 项,因为"积极"表示进取、主动,和选项中的"被动"是相反的,既然作者认为应该有积极的态度,就是说"不能被动",D 项正确。

52. A 控制　B 迎接　**C 把握**　D 应付

【题解】A 项"控制"表示掌握住不使任意活动或越出范围,也表示使处于自己的占有、管理或影响下;B 项"迎接"表示到某个地点陪同客人等一起到来;C 项"把握"表示抓住抽象的事物;D 项"应付"表示对人或事采取措施,也表示随便对待、凑合。每个人都有自己的生命,是客观的,不需要占有或影响,A 项"控制"不正确;B 项"迎接生命"表示有孩子要出生了,B 项不正确;生命只有一次,如果不好好对待很快就过去了,"把握生命"是合理的搭配;D 项"应付"表示随便对待,根据下文中"这样的人生才精彩"可以排除 D 项,因为不认真对待的生命是不会精彩的,只有抓住生命、好好生活,生命才会精彩,本题选择 C 项。

53—56.

　　一个著名的大作家有一个奇怪的习惯,他经常会从__53__的体育运动转换到完全静止不动的__54__,在坐下来开始写作之前,__55__会一连好几个小时地看着同一个地方。一位记者注意到了他的这种怪习惯。

> “你不认为这是在浪费时间吗？”记者问。“你已经如此出名，难道你不应该做些更重要的事情吗？”
>
> “我这是在为写作作准备，就像钓鱼的人出海前准备他的钓具。”作家回答，“如果我不做这种事情，一心只想着鱼，那么我___56___。”

53. A 热闹　B 厉害　C 紧张　**D 激烈**

【题解】A 项“热闹”表示景象很活跃，常常人多而且声音大；B 项“厉害”表示难以对付或忍受；C 项“紧张”表示精神处于高度准备的状态，兴奋不安；D 项“激烈”表示动作、言论等剧烈。根据文章，本题的选项需要修饰的词语是“体育运动”，这是和动作有关的词语，因此本题选择 D 项。

54. A 现象　**B 状态**　C 形势　D 情况

【题解】A 项“现象”表示事物在发展、变化中所表现的外部形态和联系；B 项“状态”表示人或事物表现出的形态；C 项“形势”表示事物发展的状况；D 项“情况”表示事物呈现出来的样子。根据文章，大作家完全静止不动，四个选项中 A 项、C 项、D 项都只能表示事物，只有 B 项可以用于人，因此本题选择 B 项。

55. A 普遍　**B 通常**　C 特意　D 专门

【题解】A 项“普遍”表示存在的面很广，具有共性；B 项“通常”表示一般、平常；C 项“特意”表示专为某件事。C 项、D 项有相同的意思，两个选项都排除。A 项“普遍”强调范围广，而文章中的习惯是大作家一个人的习惯，A 项不正确。B 项“通常”表示一般，“习惯”正是人们长时间里逐渐形成的，因此选择 B 项。

56. A 也许就有可能生病

B 就无法再进行体育运动

C 可能会失去所有的一切

D 将永远抓不到任何东西

【题解】大作家说他的习惯就像钓鱼的人准备钓具，如果钓鱼的人没有钓具就抓不到鱼，同样，如果大作家不这样做就没有新的想法，不能写作，就像钓鱼的人抓不到鱼一样，本题选择 D 项。

57—60.

> 植物宠物，是现代人对富有生命力与启发意义植物的爱称，特别是指那些能随时带在人们身边，或在居室中时常欣赏到、感受到的植物。富有生命力的植物宠物，对___57___现代人压力，___58___社会个体的不健全心理均有极好疗效。很少有喜欢植物的人___59___，因为在人类的___60___中，植物是沉默、理性、坚强、生生不息的象征，与植

物产生心灵的交流，便可从中获取到很大的力量。当前经过高科技培植的植物宠物，不仅在外形上更加漂亮，在种植方式上也一改传统方法，开始采用营养液等基质，甚至很多植物实现盆上花朵怒放，盆下鱼儿欢游的活泼景象，其造型独特，是当前众多家庭与办公室人员争相采购的家居布置用品。

57. A 改变　B 造成　**C 缓解**　D 阻止

【题解】A 项“改变”表示产生显著的不同；B 项“造成”表示制造了不好的结果；C 项“缓解”表示剧烈、紧张的程度有所减轻；D 项“阻止”表示使不能前进，使停止行动。B 项“造成”的结果都是负面的，而植物宠物有治疗作用，因此首先排除 B 项；“压力”的产生跟是否有植物宠物没有关系，也就是说植物宠物不能使压力停止，D 项不正确；A 项“改变”只表示不同，并不能表示正面或负面的意思，C 项“缓解”表示减轻，是好的影响，根据下文中的“有极好的疗效”，说明植物宠物有好的影响，本题选择 C 项。

58. **A 完善**　B 控制　C 掌握　D 承担

【题解】A 项“完善”表示使完备美好，没有不足；B 项“控制”表示掌握住不使任意活动或越出范围，也表示使处于自己的占有、管理或影响下；C 项“掌握”表示了解事物，因而能充分支配或运用；D 项“承担”表示担负、担当，接受并负起责任。下文中出现的“健全”表示完善、没有缺陷不足，文章说植物宠物对社会个体的不健全心理有极好的疗效，也就是说可以让这些心理变得健全，因此选择 A 项。

59. A 会身体不好

B 会产生心理疾病

C 能够耐得住寂寞

D 爱在别人面前流泪

【题解】根据文章，植物宠物可以治疗人们不健全的心理，也就是说喜欢植物宠物的人心理会比较健康，不会有心理疾病，因此本题选择 B 项。A 项、C 项和文章内容无关，D 项“爱在别人面前流泪”可能是因为脆弱，也可以说是心理不太健康的一种表现，但不全面。

60. A 规定　B 程度　C 现象　**D 概念**

【题解】A 项“规定”表示对某一事物作出的关于方式、方法或数量、质量的决定，可作名词；B 项“程度”表示事物变化达到的状况；C 项“现象”表示事物在发展、变化中所表现的外部形态和联系；D 项“概念”表示反应客观事物的一般的、本质的特征，是人们把感觉到的事物的共同特点抽出来，加以概括得出的。A 项“规定”有很强的主观性，但植物的象征意义虽然是主观的感觉，但是是以客观为基础的，因此排除 A 项；B 项、C 项强调发展、变化，植物的象征意义是一定的,B项、C项不正确;根据下文“植物是沉默、理性、坚强、生生不息的象征”,就是说,人们认为植物的特征和“沉默、理性坚强、生生不息”是相关的,这是人们根据植物的特征概括总结得出的,本题选择D项。

第二部分

第61—70题:请选出与试题内容一致的一项。

61.

商务印书馆成立于1897年,是中国历史最悠久的现代出版机构,与北京大学同时被赞为中国近代文化的双子星。极盛时期,商务印书馆有员工五千多人,在海内外设有分馆36个,各类办事机构一千多个,所出书刊占全国出版总数的60%以上,创造了中国现代出版业的多个第一,成为当时亚洲最大的出版机构。

A 商务印书馆有员工五千多人

B 商务印书馆是亚洲最大的出版机构

C 商务印书馆的历史和北京大学一样悠久

D 商务印书馆对中国现代出版业影响极大

【题解】商务印书馆极盛时期有五千多员工,不是指现在,A项不正确;商务印书馆极盛时期是亚洲最大的出版机构,B项不正确;商务印书馆和北京大学是近代文化双子星,说明它们在近代文化中有很重要的地位,不是因为历史悠久,C项不正确;商务印书馆创造了中国现代出版业的多个第一,D项正确。

62.

吃春饼是汉族立春的饮食风俗,在古代,不但流行于汉族地区,而且也影响到了少数民族地区。春饼是一种双层薄饼,吃的时候揭开,一般要卷菜而食,现在饭馆则多用卷烤鸭的鸭饼代替。最早,春饼与菜放在一个盘子里,成为"春盘"。现在,人们备上小菜或各式炒菜,吃春饼时随意夹入饼内。立春吃春饼有喜迎春季、盼丰收之意。

A 吃春饼时要把两层分开

B"春盘"就是放春饼的盘子

C 立春吃春饼只是汉族的饮食风俗

D 现在饭馆用春饼代替卷烤鸭的鸭饼

【题解】春饼是一种双层薄饼,吃的时候揭开,就是把两层分开,A项正确;春饼和菜放在一个盘子里,是"春盘",B项不正确;立春吃春饼是汉族的饮食风俗,但是影响到了少数民族地区,C项不正确;饭馆用卷烤鸭的鸭饼代替春饼,D项不正确。

63.

菊儿胡同,位于北京市东城区西北部。明朝称局儿胡同,清朝乾隆时称桔儿胡同,清末又写作菊儿胡同。1965 年改称交道口南大街，“文革”中一度称大跃进路八条，后来又恢复今名。菊儿胡同三号、五号、七号是清朝大臣荣禄的住所和花园，七号还曾做过阿富汗大使馆，四十一号原为寺庙。

A 菊儿胡同住过一些名人

B 菊儿胡同改过很多次名字

C 菊儿胡同中有公园和寺庙

D 阿富汗大使馆在菊儿胡同

【题解】菊儿胡同住过清朝大臣荣禄，但并未住过很多名人，A 项不正确；菊儿胡同叫过局儿胡同、桔儿胡同、交道口南大街、大跃进路八条，就是说菊儿胡同改过很多次名字，B 项正确；菊儿胡同七号是清朝大臣的花园，不是公园，四十一号原为寺庙，说明现在已经不是寺庙了，C 项不正确；菊儿胡同七号做过阿富汗大使馆，说明现在不是，D 项不正确。

64.

江永女书是一种古老文字，是现在世界上唯一存在的性别文字——妇女专用文字，这已为专家学者们所共识，但因女书没有古代文物，也没有载入历史，所以不能确定其起源时间。学习女书可以由家庭内长辈女性教晚辈女孩儿，可以花钱请老师，或是妇女在读纸、读扇中互教互学，女书比较容易，也可以自学。

A 学习江永女书只能是长辈教晚辈

B 世界上只有江永女书是性别文字

C 专家发现了江永女书的古代文物

D 历史书记载了江永女书起源的时间

【题解】学习江永女书可以是长辈教晚辈、花钱请老师、自学等等，A 项不正确；江永女书是世界上唯一存在的性别文字，“唯一”说明只有一个，B 项正确；女书没有古代文物，C 项不正确；不能确定女书起源的时间是因为女书没有载入历史，D 项不正确。

65.

虽然现在很多景点都设置了给人们挂同心锁的地方，可是黄山的同心锁仍然是最有名的。在黄山，不仅在高峰绝顶之处，几乎所有的护栏铁链上随处可见环环交扣的锁，不仅有两锁相扣的“同心锁”，还有大小不一、相互连结的“全家福锁”和大人为孩子系的“长命锁”。更有趣的是，这里还有世界各国的锁。

A 黄山上挂着世界各国的锁

B 黄山上所有的护栏铁链上都有锁

C 黄山是最早设置挂同心锁地方的景点

D 黄山上的锁都是两锁相扣的“同心锁”

【题解】黄山上挂着很多同心锁，还有世界各国的锁，A 项正确；在黄山上几乎所有的护栏铁链上都有锁，“几乎”说明不是所有的，B 项不正确；黄山同心锁是最有名的，但文中没有说是最早的，C 项不正确；黄山上有同心锁、全家福锁、长命锁等等，D 项不正确。

66.

> 中国民间在除夕有守岁的习惯，而吃年夜饭的习俗至少在南北朝时就已经有了。守岁是从吃年夜饭开始，一夜不睡，以迎接新年的到来。这顿年夜饭要慢慢地吃，有的人家一直要吃到深夜。古时守岁有两种含义：年长者守岁为“辞旧岁”，有珍惜时间的意思；年轻人守岁，是为延长父母寿命。

A 守岁的习惯始于南北朝

B 年夜饭是除夕深夜吃的饭

C 老人守岁是为了延长寿命

D 守岁是为了迎接新年的到来

【题解】吃年夜饭的习俗在南北朝已经有了，文中没有提到守岁的习惯是什么时候开始的，A 项不正确；年夜饭要慢慢吃，有的家庭要吃到深夜，B 项不正确；老人守岁是为了辞旧岁，有珍惜时间的意思，年轻人守岁是为父母延长寿命，C 项不正确；守岁是一夜不睡以迎接新年的到来，“以”表示目的，D 项正确。

67.

> 过敏原又称为致敏原或变应原。过敏原为通俗用语，致敏原或变应原为医学术语，接触过敏原一定时间后，会发生过敏反应，但是时间可长可短。往往第一次接触到的物质不会引起过敏，但反复接触后，可能会出现过敏性症状。过敏原数以千计，如冷空气、热空气、化妆品、金属饰品、病毒等都可能成为过敏原。

A 第一次接触过敏原一定不会过敏

B 过敏原一般是病毒或化学物质

C 反复接触过敏原可能出现过敏

D 过敏原、致敏原和变应原不是一个意思

【题解】第一次接触到的物质往往不会过敏，不是一定不会过敏，A 项不正确；过敏原数以千计，很多物质都可能导致过敏，B 项不正确；第一次接触到的物质可能不会导致过敏，反复接触后，可能出现过敏症状，C 项正确；过敏原、致敏原和变应原是不同的名字，过敏原是普通的说法，致敏原和变应原是医学用语，D 项不正确。

68.

> 甲骨四堂并不是一个地方，而是指中国近代四位著名的研究甲骨文的学者：郭沫若(字鼎堂)、董作

> 宾(字彦堂)、罗振玉(号雪堂)和王国维(号观堂)。著名学者陈子展教授在评价早期的甲骨学家的时候写下"甲骨四堂,郭董罗王"的名句,这一概括已为学界所广泛接受。

A 甲骨四堂是研究甲骨文的组织

B "郭董罗王"是早期的甲骨学家

C 甲骨四堂是甲骨学家陈子展概括出的

D "郭董罗王"的研究成果被学界广泛接受了

【题解】甲骨四堂是中国近代四位著名的研究甲骨文的学者,不是组织,A 项不正确;"郭董罗王"是著名学者陈子展教授在评价早期甲骨学家时提出的,说明"郭董罗王"是早期甲骨学家,B 项正确;陈子展是著名学者,没说是甲骨学家,C 项不正确;陈子展概括出的"郭董罗王"的说法被学界广泛接受了,D 项不正确。

69.

> 数码相框是展示数码照片而非纸质照片的相框。数码摄影必然推动数码相框的发展,因为全世界打印的数码相片不到 35%。数码相框可以通过读卡器的接口从 SD 卡获取相片,并设置循环显示的方式,比普通的相框更灵活多变,也给现在使用日益增多的数码相片一个新的展示空间。

A 数码相框是展示照片的相框

B 全世界打印的数码照片为 35%

C 数码相框的设置比普通相框灵活

D 摄影技术的进步推动数码相框的发展

【题解】数码相框是展示数码照片的相框,A 项不正确;全世界打印的数码相片不到 35%,B 项不正确;数码相框比普通相框灵活多变,C 项正确;推动数码相框发展的是数码摄影,不是摄影技术,D 项不正确。

70.

> 南极长城站是中国第一个南极考察站,江泽民于 1997 年 12 月 30 日题写了站名。1984 年 11 月 20 日上午 10 时,中国首次南极考察队从上海起航,12 月 25 日 12 时 31 分,中国船只"向阳红 10 号"第一次驶入了南极,这是中国首次自己组织的南极考察队抵达南极。1985 年 2 月 14 日晚 22 点(当地时间,北京时间 15 日上午 10 点),中国南极长城站的建设全部完成。

A 北京时间和南极时间相差 12 小时

B 南极长城站的名字是江泽民起的

C 南极长城站是中国唯一的南极考察站

D 1984 年 11 月 20 日中国船只驶入了南极

【题解】南极长城站建设完成的时间是

1985 年 2 月 14 日晚 22 点，是北京时间 15 日上午 10 点，这说明南极时间和北京时间相差 12 小时，A 项正确；江泽民题写了南极长城站的站名，但站名不是他起的，B 项不正确；南极长城站是中国第一个南极考察站，不是唯一的，C 项不正确；1984 年 12 月 25 日中国船只驶入了南极，D 项不正确。

第三部分

第71—90题：请选出正确答案。

71—75.

从前，远方有个王国，住着一位国王和他的三个儿子。(71)他的年岁渐老，急着将王位传给儿子，然而他无法决定谁该继承王位。为了解决这个难题，他设计了一个比赛。他把三个儿子叫到跟前，说："我们王国最北方有一座大山，它又高又险，我年轻时曾登上过山顶，那里长着全世界最老、最高、最大的树，(72)它们是举世无双的树。为了考验你们的实力，我将派你们独自去爬那座山。我希望你们每人从最高大的树上摘一片叶子回来，凡是把最棒的叶子拿回来的人，可以接替我治理我的王国。"

第一个儿子首先出发，而国王和其他的儿子则在家中守候。(73)到了第三个星期快要结束的时候，年轻人回到王国，带回了一片漂亮的叶子，国王似乎很满意。接下来轮到第二个儿子，他决心要取回更好的叶子。到了第六个星期快结束时，第二个儿子终于返回来了。他带着一片更漂亮的叶子，比第一个儿子拿回来的还大很多。最后，轮到第三个儿子了。这个小儿子显出担心的神色，他认为自己比不过哥哥们，于是请求国王将王位传给哥哥。可是，国王坚持要他试一试，他只好收拾行李朝高山出发。结果直到第十四个星期末，才传来第三个儿子在回家途中的消息。当王子到家时，只见全身衣服又脏又破，两手空空，什么也没带回来。他低着头，很小声地说："父亲，我令你失望了，我的哥哥应该做国王，他们有资格治理王国。"

国王说话了："儿子，你根本没试，你甚至连一片树叶都没带回来。"

这个儿子含着羞愧的泪水说："对不起，父亲，我并不想让你失望，我走了好几个星期，找到了一座雄伟的高山。我照你的指示，日以继夜地爬山，直到登上最顶端，也就是你年轻时曾经到达的地方，(74)但那里根本就没有树。"

国王微笑了，向幼子温和地说："我的儿子，你是对的，那座山上根本没有树木，现在，我们王国的一切都是你的了。"

71. 国王设计比赛是希望：

A 儿子们变得更聪明

B 测试哪个儿子听话

C 寻找优秀的继承人

D 锻炼儿子们的身体

【题解】因为国王年龄大了，却不知道三个儿子中谁最优秀，谁可以来继承自己的王位，所以才设计了这场比赛，希望通过比赛来选出最好的继承人，正确答案为C项。

72. 文中第一段“举世无双”的意思是：

A 名气特别大

B 年代非常久远

C 所有的人都关注着

D 全世界找不到第二个

【题解】“举”在这儿的意思是“全”，即全世界，所以“举世无双”的意思即全世界都找不到第二个，正确答案为D项。

73. 大儿子花了多长时间去取叶子？

A 半个月　　**B 二十天左右**

C 一个半月　　D 三个月

【题解】大儿子是第一个出发的，到了第三个星期快要结束的时候才回来，一个星期为七天，三个星期为二十一天，所以大儿子是过了二十天左右才回来的，正确答案为B项。

74. 小儿子：

A 非常懒惰　　B 身体不好

C 想胜过哥哥　　**D 没找到松树**

【题解】文中没有说小儿子身体不好，B项排除；他开始的时候想放弃，认为自己比不过哥哥们，没有胜过哥哥的想法，C项排除；他寻找松树用了十四个星期，时间最长，所以他并不懒惰；他回来时全身衣服又脏又破，两手空空，非常惭愧地告诉父亲自己没有找到松树，正确答案为D。

75. 国王选择了小儿子是因为小儿子：

A 年龄最小　　B 十分谦虚

C 非常诚实　　D 热爱和平

【题解】山顶根本就没有松树，国王设计了这场比赛，就是想看谁是诚实的孩子，小儿子得到了国王的赞赏，所以得到了王位，正确答案为C项。

76—80.

一般人总以为称赞就是鼓励，鼓励就是称赞。其实不然，虽然鼓励和称赞都是针对孩子正面良好的表现，但称赞只是奖励的一种，着重于比较和竞争。(76)孩子必须表现优秀、有超群的成绩，才能得到称赞。换句话说孩子只有达到父母认为很棒的程度才能得到称赞。(77)于是称赞就成为父母控制孩子的方法，孩子因为要得到父母的称赞而努力，称赞成为外在的推动力，如果担心得不到它，孩子便会放弃努力。

而鼓励则会不时地出现在孩子的任何进步和努力中。鼓励可以肯定孩子自我能力的发挥，而不须和别人作比较。例如我们说："孩子你很棒！""你比上次进步了。"进步并不需要压倒别人赢得第一，只要有进步即能获鼓励。它着重肯定孩子的优点和长处，孩子的价值来自于他的努力。也就是说，鼓励重视孩子的内在自我激励，更重要的是不对孩子作价值判断。即使在孩子受到打击、失败、伤心难过时，鼓励依然可以发挥它激励的效用，就像我们说："孩子，虽然你没有赢得这场比赛，但我相信你已经尽了全力，表现得太棒了。"(78)它给了孩子信心，所以说鼓励可以帮助孩子肯定自己的价值，它是内发而且有生命力的。

总之，称赞的话语专注在外在的评价和自我评价，教孩子和别人做比较，只为个人所获而努力。而鼓励则重视内在的评价和贡献，(79)鼓励型的父母能使他们的孩子接受自己不够好的地方，对自己有信心并让他知道他是有用的人。

76. 孩子在什么时候可以得到称赞？

A 父母心情好时

B 让父母满意时

C 受到打击的时候

D 有客人在的时候

【题解】根据文中"换句话说孩子只有达到父母认为很棒的程度才能得到称赞"可以知道孩子的行为让父母满意的时候才可以得到称赞，正确答案为B项。

77. 根据本文，孩子放弃努力是因为：

A 得不到表扬

B 受到了批评

C 不被父母理解

D 父母不关心自己

【题解】根据"孩子因为要得到父母的称赞而努力，称赞成为外在的推动力，如果担心得不到它，孩子便会放弃努力"可以知道，孩子在得不到父母的肯定，得不到表扬的时候就会放弃努力，正确答案为A项。

78. 鼓励可以：

A 提高孩子的成绩

B 使孩子变得聪明

C 让孩子孝顺父母

D 增加孩子的自信

【题解】鼓励可以肯定孩子自我能力的发挥，而不须和别人作比较。鼓励重视孩子的内在自我激励，它给了孩子信心，所以说鼓励可以帮助孩子肯定自己的价值，增加自信，正确答案为D。

79. 根据上文内容，鼓励型的父母：

A 肯定孩子的价值

B 重视孩子的成绩

C 征求孩子的意见

D 担心孩子的安全

【题解】鼓励型的父母能使他们的孩子接受自己不够好的地方，对自己有信心并让他知道他是有用的人。这样的父母让孩子变得有自信,也让孩子知道自己的价值,正确答案为 A 项。

80. 这段话主要是想告诉我们:

A 怎样表扬孩子

B 优秀父母的做法

C 鼓励与称赞的区别

D 如何能不放弃努力

【题解】文章第一段主要讲了称赞对孩子的影响,第二段讲了鼓励的作用,这主要是想告诉我们,称赞与鼓励对孩子起到不同的作用,正确答案为 C 项。

81—83.

> (81)时下年轻人婚礼观念在悄然发生革命性的变化,他们把过去在婚礼"回礼"担当主角的喜糖和香烟,用一些新鲜的创意产品和特色小礼品取代,比如中国结、印章、红色布偶、对筷、竹艺书签、剪纸之类的小玩意。除了具有传统特色的物品,一些实用的礼品也备受年轻人喜爱,像用漂亮礼盒精心包装起来的心形勺子、蛋糕式的毛巾、心形的肥皂、新人造型的书签等极富创意的物品,让人爱不释手。

81. 根据这段话,现在年轻人的婚礼比以前:

A 有新意　　B 要简单

C 花钱多　　D 更浪漫

【题解】这段话开头一句告诉我们,现在年轻人婚礼观念发生了变化,变化之处在于他们用一些新的有创意的礼品取代了以前的喜糖和香烟,这说明现在年轻人在自己的婚礼上有创新,正确答案为 A 项。

82. 年轻人婚礼观念的改变说明他们:

A 充满自信　　**B 追求时尚**

C 非常体贴　　D 比较节约

【题解】相对于现在的年轻人来说,以前婚礼上的喜糖和香烟太过于传统和老式,他们追求时尚,追求与众不同,所以才有了上述的变化,因此年轻人婚礼观念的改变说明他们追求时尚。正确答案为 B。

83. 文中"爱不释手"的意思是:

A 非常感激　　**B 舍不得放下**

C 高兴到极点　　D 无法做出解释

【题解】"释"在这儿的意思是"放下"的意思,这个词的意思是那些有创意的物品,让人非常喜欢,舍不得放手,因此正确答案为 B 项。

84—87.

> 随着电脑及互联网的逐渐普及,网上购物已经迅速成为,一种不可阻挡的趋势。根据调查数据显示,在中国的网购群体中,(84) 23 至 32 岁的年轻人占据了半壁江山,而这群人的特征就是追求时尚,

对流行趋势的把握和追逐更为敏感与执着。(85)而上班族忙于工作,没有时间出去购物,所以网上购物越来越受到大家的喜爱。尤其在物价上涨的今天,它更是成为了很多人固定的生活方式。

截至2011年12月底中国网民已达5.13亿人,而多方数据表明,在2011年全国网购交易量高达7849亿元,并且还在继续增长,数据的显示实为惊人。网购的增长必定会带动线上购物网站的发展,比市场细分、(86)比物流速度,电子商务网也开始了各自的市场争抢之战。但是十大电子商务网站中,(87)无论是产品种类,购买规模还是品牌满意度,淘宝网依然占据着电子商务网站之首。

84. 在中国的网购群体中,二三十岁的年轻人占:

A 20%　B 30%　**C 50%**　D 80%

【题解】"半壁"是指半边,也就是一半的意思,在中国的网购群体中,23至32岁年轻人占了一半,即50%,正确答案为C项。

85. 网购受到上班族的喜爱,最主要是:

A 网上商品种类多

B 快递公司送货快

C 省掉逛街的时间

D 网上东西很便宜

【题解】因为很多上班族没有时间出去购物,所以网上购物可以省掉逛街的时间,受到他们的喜爱,正确答案为C项。

86. 因为网购交易量的增长,最可能促进哪种行业的迅速发展?

A 物流　　B 会计

C 保险　　D 社会服务

【题解】网购的特殊购物方式注定了与物流分不开,顾客在网上定购了商品,卖方要通过快递公司把商品送到顾客手中,所以,网购交易量大,必定会带动物流的迅速发展,正确答案为A项。

87. 淘宝网成为电子商务网站之首,它具有以下哪种优势?

A 建立最早　　B 员工最多

C 低格最低　　**D 商品最全**

【题解】根据文中"但是十大电子商务网站中,无论是产品种类,购买规模还是品牌满意度,淘宝网依然占据着电子商务网站之首"可以知道,淘宝网成为电子商务网站之首是因为它的商品全,销售量大,顾客满意度高,在四个选项中只有D项是正确的。

88—90.

面对同样的打击和失败,为什么有的人能坦然面对,成就了自己的事业,有的人则在打击和失败面前一蹶不振呢?这里除了知识、机遇以外，一个很重要的问题是心理素质问题。有句话说得好：(88)21世纪最重要的是知识，比知识更重要的是素质，比素质更重要的是心理承受能力。那什么是心理承受能力呢？我们又如何增强自己的心理承受能力呢？

心理学家认为，人的心理承受能力除受生理遗传因素影响外，(89)更多的受社会和价值观念的制约。生理遗传因素主要指个体的精神、情感类型及其表达方式；社会和价值观念影响人的认知态度和行为取向。一句话，心理承受能力就是对打击和失败的认知态度、承受限度和应变能力。

健全的人格和健康的心理是提高心理承受能力的基础。健全的人格就是自立、自强，永不放弃的精神。我们做任何事情都存在成功和失败两种结果，以及快乐和痛苦两种选择。成功当然使人快乐，但失败并不完全是痛苦的事，如果能从失败中找出教训、找出成功的路子，何尝又不是快乐的事？而我们绝大部分人都只希望成功，而不接受失败，这叫做“输不起”，这是心理不健全的表现，因为它违背了事物的两分法，事实上这部分人在做事之前就输了一半。再说，人们对失败的体会往往局限于于事无补的痛苦和追悔之中，或者是默默地忍受之中，再不就是以过激的行为来回避矛盾，似乎自杀才是最好的选择，殊不知这是错上加错。难道就没有其他的出路？当然冷静下来，或过一段日子，再回头看这些事，事情远没到这种程度，或者根本不值得一提。所以，(90)健全的人格是我们对付打击和失败的基础，只要精神还在，事情总会有好转的余地。

88. 根据本文内容，一个人最重要的是：

A 知识水平　　B 综合素质

C 身体条件　　**D 承受能力**

【题解】根据“21 世纪最重要的是知识，比知识更重要的是素质，比素质更重要的能力是心理承受力”可以知道，一个人最重要的能力是承受力，正确答案为D项。

89. 专家认为：

A 价值观念对人影响很大

B 压力太大影响人的健康

C 人的行为受到社会制约

D 人一定要对自己有信心

【题解】专家认为“人的心理承受能力除受生理遗传因素影响外，更多的受社会和价值观念的制约”，由此可知，一个人的价值观念对其自身的影响非常大，正确答案为 A。

90. 对付打击和失败的基础是：

A 帮助自己的朋友

B 认真学习的态度

C 永不放弃的精神

D 具体完善的计划

【题解】根据文中“健全的人格是我们对付打击和失败的基础”可以知道，我们要对付打击和失败就要有健全的人格，而健全的人格就是“自立、自强，永不放弃的精神”，因此正确答案为C项。